윤지현 김경희

저희 두 사람의 혼인에 와주셔서 감사합니다

2014.11.02
Ji hyun & Kyeong hee

작은 씨앗이 세상의 큰 변화를 가져오리라 믿으며
아이들을 위한 작은 마음을 담아 준비했습니다
두 사람이 함께 세상의 등불이 되어
따뜻하게 비추며 살겠습니다.

태권도 관장 윤지현
미술원 원장 김경희 올림

사람이 향기로운 것은 사랑 때문이다

엮은이 고산돌
펴낸이 김용태 | **펴낸곳** 이룸나무
기획 고산돌나눔문학촌
편집장 김유미 | **편집** 김민채
마케팅 출판마케팅센터 | **디자인** YYCOM
초판 1쇄 인쇄일 2012년 4월 10일
초판 1쇄 발행일 2012년 4월 15일
주소 130-823 서울특별시 동대문구 용두동 236-1 대우아이빌 101동 106호
전화 02-3291-1125 **마케팅** 031-943-1656 **팩시밀리** 02-3291-1124
E-mail iroomnamu@naver.com
출판 신고 제 305-2009-000031 (2009년 9월 16일)
가격 10,000원
ISBN 978-89-967899-1-8 03810
※ 잘못된 책은 구입한 서점에서 바꾸어 드립니다.

iROOMNAMU

사람이 향기로운 것은
사랑 때문이다

이룸나무

시집을 엮으며

그늘진 곳에 자리한 아이들이
가슴에 저마다 뜨거운 행복씨앗을 품기를
희망합니다.
흔들리는 바람 탓에
봄이 더디오는 아이들을 위하여
선배 문인들과 마음 예쁜 이웃들이
사랑을 듬뿍 모아 주었습니다.
그 큰 사랑을 그물코 삼아 시집을 묶었습니다.
아름다운 시들이
아이들의 가슴에 희망의 꽃을 피우고,
사람내 향긋한 웃음바람이 되어
살맛나는 세상이 찾아오길 간절히 소망합니다.

2012년 4월
행복이 찾아드는 봄날에
고산돌

1부
가난해도 나눌 수 있다면

가질수 없는 건 상처랬죠 • 신현림	12
거룩한 식사 • 황지우	13
겨울 찻집에서 • 이하	14
그래도 살아야 할 이유 • 신현림	16
길 • 김지혜	18
나의 가난은 • 천상병	19
낙화 • 이형기	20
눈물 • 김현승	22
루왁 • 문혜진	23
마지막 커피 한 잔 • 김용관	24
목마와 숙녀 • 박인환	26
몰운대 • 이소리	28
몸살 • 정동용	30
밥값 • 정호승	31
별 • 정진규	32
비누 • 임영조	34
상한 영혼을 위해 • 고정희	36
새들의 고향 • 원재훈	38
서시 • 윤동주	39
세월이 가면 • 박인환	40
시향 • 고산돌	42

🌸 시 수록은 제목 ㄱㄴㄷ 한글 자모 순서에 따랐습니다.

시간여행 · 이수종	44
심야의 커피 · 박목월	46
아내 · 공광규	48
열대야 · 나희덕	49
엉겅퀴꽃 아버지 · 김수우	50
에티오피아 소녀의 입술이 두툼한 이유 · 차주일	52
연탄 한 장 · 안도현	54
요산요수 · 배재형	56
저도 앞바다로 가는 길 · 이소리	58
주는 게 먼저라고 · 이성이	60
징검다리 건너 · 조길성	61
초혼 · 김소월	62
커피 한잔에 담긴 그리움 · 정은아	63
커피 칸타타 · 유안진	64
커피가 있는 풍경 · 공광규	66
풀 · 김수영	68
한 잔의 커피 · 용혜원	70
회개 · 송인	72
흔들리며 피는 꽃 · 도종환	75
희망 · 고산돌	76

2부
아름다운 사랑 그 울림을

가끔은 가던 길도 멈춰야 할 때가 있다 • 이수종	80
가을江 • 김명인	82
감꽃 • 천유근	83
구두장이와 요정들 • 아지몽	84
그리움이 흐르는 강 • 이경자	88
기타 저음 위에 걸린 도시 • 이현채	90
김치 • 이소리	92
꽃 • 김춘수	93
나뭇잎 떨어진 자리 • 배재형	94
너의 밥 • 이윤정	96
대봉감 홍시 • 주순보	97
모닝커피 • 강혜경	98
리필, 그리고 너머 • 이현채	100
바다의 꿈 • 김성호	101
밤편지 • 김남조	102
방귀 • 최마루	104
법륜사에 봄 오고 • 권대욱	106
복종 • 한용운	108
봄비 • 박성희	109
사람 사는 일 • 이수종	110
사람을 그리워하는 일 • 오인태	111
사랑 • 김용택	112
사랑이 올 때 • 신현림	116

 시 수록은 제목 ㄱㄴㄷ 한글 자모 순서에 따랐습니다.

사슴 · 노천명	117
성산포의 안개 · 고은영	118
세월 · 고산돌	120
손님 · 김지혜	121
안개 경보 · 김태필	122
우리가 물이 되어 · 강은교	124
의자 · 조병화	126
입춘 · 이상익	128
정동진 · 권복례	129
종이강 · 박찬현	130
찻집 창가에서 · 안경애	131
커피1 · 윤보영	132
하얀꿈 · 황순남	133
한 잔의 커피 · 조우성	134
향수 · 정지용	136
황홀한 달빛 · 김영랑	138

재능기부 나눔 시인들	140
아름다운 나눔 동행자	148

1부

가난해도
나눌 수 있다면…

가질 수 없는 건 상처랬죠

신현림

가질 수 없는 건 상처랬죠?
닿지 않는 하늘
닿지 않는 사랑
방 두 칸짜리 집

절망의 아들인 포기가 가장 편하겠죠
아니, 그냥 흘러가는 거죠
뼈처럼 하얀 구름이 되는 거죠

가다보면 흰 구름이 진흙더미가 되기도 하고
흰 구름이 배가 되어 풍랑을 만나
흰 구름 외투를 입고
길가에 쓰러진 나를 발견하겠죠

나는 나를 깨워 가질 수 없는데
 "내가 나를 가질 수 없는데
내 것이 아닌 것을 가져서 뭐 하냐"고요

《해질녘에 아픈 사람》 민음사

거룩한 식사

황지우

나이든 남자가 혼자 밥을 먹을 때
울컥, 하고 올라오는 것이 있다
큰 덩치로 분식집 메뉴표를 가리고서
등 돌리고 라면발을 건져 올리고 있는 그에게,
양푼의 식은 밥을 놓고 동생과 눈흘기며 숟갈 싸움하던
그 어린 것이 올라와, 갑자기 목메게 한 것이 있다

몸에 한세상 떠 넣어주는
먹는 일의 거룩함이여
이 세상 모든 찬밥에 붙은 더운 목숨이여
이 세상에서 혼자 밥 먹는 자들
풀어진 뒷머리를 보라
파고다 공원 뒤편 순댓집에서
국밥을 숟가락 가득 떠 넣으시는 노인의, 쩍 벌린 입이
나는 어찌 이리 눈물겨운가

《어느 날 나는 흐린 주막에 앉아 있을 거다》 문학과지성사

겨울 찻집에서

이하

사내는 늘, 언덕 아래로 무너지는
바람을 달고 공원 찻집에 들어섰다.
탁자 갓등 불빛이 커피를 젓는 동안
사내의 깍지 손은
백양나무 새둥우리 갈색 그림자를 닮아 있었다.
찻집 출입문이 열릴 때마다
담배연기는 모로 누워 밀려나고
벽난로 불빛을 떠나 창에 머문 시선
돌아설 줄 몰랐다.
첫 음악이 한 차례 더 흐른 후에야
사내는 찻잔을 놓았다.
아, 사내는 겨울에서야 헤진 가슴을 찾는
나의 동족이야, 분명
청둥오리 날개를 따라 이 계절 떠나고 나면
다시금 가슴을 허는 우리는 알지.
빈 찻잔의 온기를 두 손으로 꼬옥 누르면
겨울은 언제나 향기 나는 고독임을.

《89억명이 탄생시킨 존재》 도서출판 한올

그래도 살아야 할 이유

신현림

슬퍼하지 마세요
세상은 슬퍼하는 사람들로 가득하니까
자살한 장국영을 기억하고 싶어
영화 「아비정전」을 돌려 보니
다들 마네킹처럼 쓸쓸해 보이네요
다들 누군가와 함께 있고 싶어 해요

외롭지 않기 위해 외로워하고
아프지 않기 위해 아픈 사람들
따뜻한 밥 한 끼 먹지 못하고
전쟁으로 사스로 죽어가더니
우수수 머리 위로 떨어지는 자살자들
살기엔 너무 지치고, 휴식이 그리웠을 거예요
되는 일 없으면 고래들도 자살하는데
이해해 볼게요 가끔 저도 죽고 싶으니까요
그러나 죽지는 못해요 엄마는 아파서도 죽어서도 안되죠
이 세상에 무얼 찾으러 왔는지도 아직 모르잖아요
마음을 주려 하면 사랑이 떠나듯
삶을 다시 시작하려 하면 절벽이 달려옵니다

시를 쓰려는데 두 살배기 딸이
함께 있자며 제 다릴 붙잡고 사이렌처럼 울어댑니다

당신도 매일 내리는 비를 맞으며 헤매는군요
저도, 홀로 어둠 속에 있습니다

《해질녘에 아픈 사람》 민음사

길

김지혜

간밤에 지나온 길이 아침 베갯머리에 묵직하다
꿈속 한정 없이 구부러지는 길 따라
사람 하나 등이 서러웠다 먼지 속 희부연 발걸음
나비 같기도 하고 끈 끊어진 연 같기도 한

아이도 아니고 청년도 아니고 노파도 아닌 그대여
어디로 가는지 묻지 않았다 나는
한 세계를 버릴 때 비로소 구부러지는 길 따라
먼지 속 티끌보다 작은 미립자 되어 그대 심장 안으로 뛰어들었다

오늘, 나의 심장은 이토록 뜨겁고
너는 내 안으로 뻗은 영원한 발자국

나의 가난은

천상병

오늘 아침을 다소 행복하다고 생각한 것은
한 잔 커피와 갑 속의 두둑했던 담배,
해장을 하고도 버스값이 남았다는 것.

오늘 아침을 다소 서럽다고 생각한 것은
잔돈 몇 푼에 조금도 부족이 없어도
내일 아침 일도 걱정해야 하기 때문이다.

가난은 내 직업이지만
비쳐오는 이 햇빛에도 떳떳할 수가 있는 것은
이 햇빛에도 예금통장은 없을 테니까……

나의 과거와 미래
사랑했던 내 아들딸들아,
내 무덤가 무성한 풀섶으로 때론 와서
괴로웠을 그런대로 산 인생 여기 잠들다,
라고,
씽씽 바람 불어라……

《저승가는 데도 여비가 든다면》 도서출판 답게

낙화

이형기

가야 할 때가 언제인가를
분명히 알고 가는 이의
뒷모습은 얼마나 아름다운가.

봄 한철
격정을 인내한
나의 사랑은 지고 있다.

분분한 낙화……
결별이 이룩하는 축복에 싸여
지금은 가야 할 때,

무성한 녹음과 그리고
머지않아 열매 맺는
가을을 향하여

나의 청춘은 꽃답게 죽는다.

헤어지자.

섬세한 손길을 흔들며
하롱하롱 꽃잎이 지는 어느날

나의 사랑, 나의 결별,
샘터에 물 고인 듯 성숙하는
내 영혼의 슬픈 눈.

《낙화》 연기사

…

눈물

김현승

더러는
옥토沃土에 떨어지는 작은 생명이고져……

흠도 티도,
금가지 않은
나의 전체는 오직 이뿐!

더욱 값진 것으로
드리라 하올 제,

나의 가장 나중 지닌 것도 오직 이뿐!

아름다운 나무의 꽃이 시듦을 보시고
열매를 맺게 하신 당신은

나의 웃음을 만드신 후에
새로이 나의 눈물을 지어 주시다.

《김현승시전집》 도서출판 샘터

루왁

문혜진

수마트라에는 야생 사향고향이 배설물로 만든 커피가 있다 인간의 기술로는 도저히 만들 수 없는 루왁 잘 익은 커피 열매를 따 먹은 사향고양이의 타액, 나무껍질 약간, 흙먼지와 위액이 발효되어 세상에서 가장 독특하고 비싼 배설물 커피가 완성된다 사양고양이 분비선에 코를 대고 맡는 커피 향이라는 야릇한 상상, 우연의 위대한 발견! 커피가 석유만큼 대접받는 시대 하루 25억 잔의 커피가 소비되는 동안 수마트라의 아이들은 일당 500원을 받고 키가 자라지 않는다 과도한 카페인을 필요로 하는 사회 사향이라는 말에서는 언제나 숨은 관능의 냄새가 나 수마트라 북쪽 숲 은밀한 야생의 정기를 훔치는 기분으로 당신의 지갑이 열리는 것은 아닐까 가식적인 분류와 금속의 언어들이 오가는 마천루 숲, 뒷덜미에 확 끼쳐 오는 이국 남자들의 배설물 냄새

《검은 표범 여인》 민음사

마지막 커피 한잔

김용관

커피 잔에 피어나는 향이
내 몸을 사른다
마음을 녹이고 그리움까지 녹여
나를 바보로 만든다
커피 잔과 마주 앉아
옛적에 그렇게 웃기만 했었는데
오늘도 향을 반쯤만 마시고
연두 빛 잔의 입술을 닦아두면
행여나 그 사람이 와서
이 잔에 입을 맞추고
잃어버린 사랑을 찾으러 올지도 모른다.
그래서 매일 그 자리를 찾고
설익은 수박 꼭지처럼
아쉬운 흔적으로
계절이 다 가기 전
마지막 잔을 비우지 못한다.

《별과 사랑과 그리움》 정은문화사

목마木馬와 숙녀

박인환

한 잔의 술을 마시고
우리는 버지니아 울프의 생애와
목마를 타고 떠난 숙녀의 옷자락을 이야기한다.
목마는 주인을 버리고 그저 방울 소리만 울리며
가을 속으로 떠났다. 술병에서 별이 떨어진다.
상심한 별은 내 가슴에 가벼웁게 부서진다.
그러한 잠시 내가 알던 소녀는
정원의 초목 옆에서 자라고
문학이 죽고 인생이 죽고
사랑의 진리마저 애증의 그림자를 버릴 때
목마를 탄 사랑의 사람은 보이지 않는다.
세월은 가고 오는 것
한때는 고립을 피하여 시들어가고
이제 우리는 작별하여야 한다.
술병이 바람에 쓰러지는 소리를 들으며
늙은 여류작가의 눈을 바라다보아야 한다.
…… 등대에 ……
불이 보이지 않아도
그저 간직한 페시미즘의 미래를 위하여

우리는 처량한 목마 소리를 기억하여야 한다.
모든 것이 떠나든 죽든
그저 가슴에 남은 희미한 의식을 붙잡고
우리는 버지니아 울프의 서러운 이야기를 들어야 한다.
두 개의 바위틈을 지나 청춘을 찾은 뱀과 같이
눈을 뜨고 한 잔의 술을 마셔야 한다.
인생은 외롭지도 않고
그저 잡지의 표지처럼 통속하거늘
한탄할 그 무엇이 무서워서 우리는 떠나는 것일까.
목마는 하늘에 있고
방울 소리는 귓전에 철렁거리는데,
가을 바람 소리는
내 쓰러진 술병 속에서 목메어 우는데.

《박인환 선시집》

몰운대

이소리

그대, 아찔한 벼랑 끝에 서 보았는가
켜켜이 깎아지른 바위틈에 무엇이 매달려 있던가
이 앙다물고 바싹 엎드려 있는 이끼
바람을 부채질하며 위태로이 흔들리는 샛대
안간힘 쓰며 연보랏빛 꽃 한 송이 피워내는 쑥부쟁이
그들이 무어라 속살거리던가
세상살이는 이처럼 악을 쓰며 사는 것이라고
삶과 죽음은 늘 벼랑 끝이라고 하던가
그래 그것만 보이고 들리던가
저 아스라한 벼랑 아래 사람 사는 마을
바람 찬 다랑이밭 곳곳에 뿌리째 버려져
꽁꽁 얼어붙은 조선무와 조선배추
벼랑 끝자락에 뿌리박은 고사목이 죽어도 죽지 못하고
옥수수막걸리에 마른 목 축이는 마을 보듬고
징징 울고 있는 까닭을 이젠 알겠는가
세상은 곧 사람이 끌고 가는 것
세상살이는 곧 사람과 싸우며 살아가는 사람살이
몰운대는 그걸 가르치려 거기 서 있다네
누가 몰운대를 모른다 하는가

누가 벼랑이 두렵다 하는가
거기 벼랑이 있어 마을이 있고
거기 사람이 있어 두 강이 아우러져 흐른다는 것을
그래, 우리 독한 사랑도 그러한 것을
물운대는 이 세상 거울이었네

몸살

정동용

마음이 몸 밖으로 스며나온다
필터를 앉히고 한 방울 씩
커피를 내리는 점층의 시간
물과 피가 만나는 찰나를
기다린다
몸속으로 다시 스미기 위해
마음이 오돌돌 떨고 있다
꽃, 샘이라고 봄날
라떼, 카푸치노 같은 눈이 내리고
추운 마음 들키지 않으려고
몸, 사리며 뜨거운 커피를 마신다
달뜬 마음이 시린 하늘을
덥히는 시간, 가끔
커피원두 같은 별이
살얼음을 깨며
빗살무늬로 스친다

밥값

정호승

어머니
아무래도 제가 지옥에 한번 다녀오겠습니다
아무리 멀어도
아침에 출근하듯이 갔다가
저녁에 퇴근하듯이 다녀오겠습니다
식사 거르지 마시고 꼭꼭 씹어서 잡수시고
외출하실 때는 가스불 꼭 잠그시고
너무 염려하지는 마세요
지옥도 사람 사는 곳이겠지요
지금이라도 밥값을 하러 지옥에 가면
비로소 제가 인간이 될 수 있을 겁니다

《밥값》 창비

별

정진규

별들의 바탕은 어둠이 마땅하다
대낮에는 보이지 않는다
지금 대낮인 사람들은
별들이 보이지 않는다
지금 어둠인 사람들에게만
별들이 보인다
지금 어둠인 사람들만
별들을 낳을 수 있다

지금 대낮인 사람들은 어둡다

《별들의 바탕은 어둠이 마땅하다》 문학세계사

비누

임영조

이 시대의 희한한 성자聖者,
친수성 체질인 그는
성품이 워낙 미끄럽고 쾌활해
누구와도 군말 없이 친했다.

아무런 대가도 없이
온 몸을 풀어 우리 죄를 사하듯
더러운 손을 씻어 주었다.
밖에서 묻혀오는 온갖 불순을
잊고 싶은 기억을 지워 주었다.

그는 성역도 잊고 거리로 나와
냄새나는 주인을 성토하거나
얼룩진 과거를 청산하라고
외치지도 않았다. 다만
우리들의 가장 부끄러운 곳
숨겨온 약점을 말없이 닦아 줄 뿐
비밀은 결코 발설하지 않았다.

살면 살수록 때가 타는 세상에
뒤끝이 깨끗한 소모 消耗는
언제나 아름답고 아쉽듯
헌신적인 보혈로 생을 마치는
이 시대의 희한한 성자 聖者,

나는 오늘
그에게 안수를 받듯
손발을 씻고 세수를 하고
속죄를 하는 기분으로 몸을 씻었다.

《갈대는 배후가 없다》 세계사

상한 영혼을 위하여

고정희

상한 갈대라도 하늘 아래선
한 계절 넉넉히 흔들리거니
뿌리 깊으면야
밑둥 잘리어도 새순은 돋거니
충분히 흔들리자 상한 영혼이여
충분히 흔들리며 고통에게로 가자

뿌리없이 흔들리는 부평초 잎이라도
물 고이면 꽃은 피거니
이 세상 어디서나 개울은 흐르고
이 세상 어디서나 등불은 켜지듯
가자 고통이여 살 맞대고 가자
외롭기로 작정하면 어딘들 못 가랴
가기로 목숨 걸면 지는 해가 문제랴

고통과 설움의 땅 훨훨 지나서
뿌리 깊은 벌판에 서자
두 팔로 막아도 바람은 불듯
영원한 눈물이란 없느니라

영원한 비탄이란 없느니라
캄캄한 밤이라도 하늘 아래선
마주잡을 손 하나 오고 있거니

《아름다운 사람 하나》 푸른숲

새들의 하늘

원재훈

사람들이 보기에
우리들은 저렇게 평화스럽게 보이나봐
우리가 서로 처절한 삶의 구름 속으로 들어갈 때
지상에서 보기엔 우리가 마치 구름이라도 되는 듯
그렇게 보이나봐
그러나 우리의 깃털은
처절하게 날기 위해 땀으로 얼룩진 핏덩어리인 것을
우리의 비행은 단지 날기 위해 살기 위해
퍼덕거리는 삶의 일부인 것을
우리들의 하늘은 악다구니 치는 전쟁터인 것을

《그리운 102》 문학과 지성사

서시

윤동주

죽는 날까지 하늘을 우러러
한 점 부끄럼이 없기를,
잎새에 이는 바람에도
나는 괴로워했다.
별을 노래하는 마음으로
모든 죽어가는 것을 사랑해야지
그리고 나한테 주어진 길을
걸어가야겠다.

오늘 밤에도 별이 바람에 스치운다.

《하늘과 바람과 별과 시》 정음사

세월이 가면

박인환

지금 그 사람 이름은 잊었지만
그 눈동자 입술은
내 가슴에 있어.

바람이 불고
비가 올 때도
나는 저 유리창 밖,
가로등 그늘의 밤을 잊지 못하지.

사랑은 가고
옛날은 남는 것,
여름날의 호숫가
가을의 공원

그 벤치 위에
나뭇잎은 떨어지고
나뭇잎은 흙이 되고
나뭇잎에 덮여서
우리들 사랑이 사라진다 해도
지금 그 사람 이름은 잊었지만
그 눈동자 입술은
내 가슴에 있어
내 서늘한 가슴에 있건만.

《목마와 숙녀》 신라출판사

시향 詩香

고산돌

아비는
왜 그토록 이 차가운 거리에서
주름진 웃음을 팔며
늙어 갔을까

우리는 왜
검버섯 핀 그 거리를 떠나지 못하고
한숨 서러운 것을 삼키며
저물고 있는 것일까

저마다 가슴에 뜨거운 것 하나,
사람내 나는
시詩를 품고 사는 것은
참 고독한 일이다

내일도 거리에는
가여운 것들
가슴 타도록 뜨거운 향기 바람에 덜어내며
저물어 가고 있을까
또 그렇게 걸어가고 있을까

시간여행

이수종

시간은 얼마나 큰 것이어서
세상 사람들, 다 나누어 갖고도
겹치는 일은 벌어지지 않는가

시간은 얼마나 빠른 것이어서
심장이 멎은 사람 그렇게 많았어도
벌써 기억에서 가물가물 멀어지고 있는가

기억의 차창 밖으로 언뜻언뜻 뭉게구름처럼
스쳐 간 세월 끝엔,
민둥산 같은 폐허가 자리 잡다, 공空을 친다
읽다가 만, 수북이 먼지 쌓인 책장을
오래된 눈물로 찍어 넘긴다

현재現在하는 너,
비굴의 시간이여
어디에다 허구를 비수처럼
감추며 살아왔는가
현재, 미래 중에서,

너는 어디쯤에서 내게 등을 돌리며
부재不在하기를 원하는가

정거장도 아닌 곳에서 불시착하게 하여,
도중하차시킨 치사한 시간들의 발악이여
너로 하여금 어제까지도
나와 같이했던 이들,
오늘은 함께하지 못했다

가증의 위선이여!
시간을 단축하려고도,
늘여 보려고도 하지 마라
시간은 현재顯在가 아니다

담벼락에 꾹꾹 눌러 쓴
낙서 몇 줄 같은 비애가,
백열등 불빛처럼 희미하게 줄줄 새고 있다

《시간여행》 비전출판사

심야의 커피

박목월

1.
이슥토록
글을 썼다
새벽 세 시 時
시장기가 든다
연필을 깎아 낸 마른 향나무
고독한 향기
불을 끄니
아아
높이 청靑과일 같은 달

2.
겨우 끝맺음
넘버를 매긴다
마흔 다섯 장의
산문散文
이천원에 이백원이 부족한
초췌한 나의 분신들
아내는 앓고⋯⋯

지쳐 쓰러진 만년필의
너무나 엄숙한
와신 臥身

3.
사륵사륵
설탕이 녹는다
그 정결한 투신 投身
그 고독한 용해 溶解
아아
심야 深夜의 커피
암갈색 심연 深淵을
혼자
마신다

《박목월 시전집》 민음사

아내

공광규

아내를 들어 올리는데
마른 풀단처럼 가볍다

수컷인 내가
여기저기 사냥터로 끌고 다녔고
새끼 두 마리가 몸을 찢고 나와
꿰맨 적이 있다

먹이를 구하다가 지치고 병든
컹컹 우는 암사자를 업고
병원으로 뛰는데

누가 속을 파먹었는지
헌 가죽부대처럼 가볍다.

《말똥 한 덩이》 실천문화사

열대야

나희덕

얼마나 더운지
그는 속옷마저 벗어던졌다
엎드려 자고 있는 그의 엉덩이,
두 개의 무덤이 하나의 잠을 덮고 있다

잠은 죽음의 연습,
때로는 잠꼬대가 두렵고
내쉬는 한숨의 깊이 쓸쓸하지만
그가 다녀온 세상에 내가 갈 수 없다는 것만큼
두렵고 쓸쓸한 일이 있을까

그의 벗은 등을 물끄러미 바라본다
벌거벗은 육체가 아름다운 건
주머니가 없어서일 것이다
누구도 데려갈 수 없는 그 강을
오늘도 건넜다가 돌아올 것이다, 그는

밤은 열대처럼 환하다

《그곳이 멀지 않다》 문학동네

엉겅퀴꽃 아버지

김수우

밤새워 소주를 마셔도 당신은 젖지 않는다 이미 세상의 빗물에 취해 버린 이마와 가슴, 봉창을 닮았다 아니 밤새 헤아려 놓은 희망으로 얼룩진 새벽 봉창이다

문지방엔 당신이 밟아 넘어뜨린 근심이 더께졌다 삼킨 울음은 뭉그러진 못대가리로 박혀 빛난다 벗은 영혼은 못 쓰는 타자기처럼 뻑뻑하지만 글쇠 몇 개 언제나 굳건히 일어선다.

그런 당신의 옹이에 나는 옷을 건다 무거운 코트를 제일 먼저 건다

진통제처럼 떠있는 새벽달을 먹고 당신은 기침을 쏟는다 기침마다 헐은 아침이 묻어나온다 헌 구두짝에 담긴 하루를 신고 당신이 걷는 길은 손등에서 쇳빛 혈관으로 툭툭 불거지는데

당신의 방 앞에서 매일 꽃피는 붉은 엉겅퀴

《당신의 옹이에 옷을 건다》 시와시학사

에티오피아 소녀의 입술이 두툼한 이유

차주일

입술이 커피에 닿자 흑인영가 들려온다
태초의 색으로 태어난 사람만이 부를 수 있는 하얀노래
신이 원치 않았던 유일한 리듬을 냄새 맡는다
탁자 위 아메리카노 커피가 김으로 만든 채찍을 휘두른다
허공을 몇 굽이 휘감았던 채찍이 니그로를 취감는다
몸통에 피의 음표 맺히고 한 소절을 넘는다
백인의 총구 앞에 선 형제가 형제에게 채찍질하는 동안
검은 영혼은 같은 음계에서 흔들리고 있다
서둘러 커피콩을 따는 소년의 손이 한 소녀의 동공에서 떨린다
하얀 이빨로 검은 입술 깨무는 소녀여
사람이 낼 수 없는 향기로 흐느끼지 말아다오
이빨 자국으로 스민 눈물로 두툼해지는 네 입술 따라 커피콩이 여문다
문물의 향으로 채색되는 이 에티오피아 고원에서
너희는 키스하며 흔들리는 검은 영혼을 눈물로 염장하고 있다

서로의 등에 새겨진 악보를 더듬어 노래 부르고 있다
검은 유전자로 착색된 눈물를 마시는 나여
떨리는 손으로 유년을 건넌 소년처럼 눈감고 보아라
커피콩을 따듯 내 입술에서 손 떠는 한 방울의 검은 소녀를

《냄새의 소유권》 천년의시작

연탄 한 장

안도현

또 다른 말도 많고 많지만
삶이란
나 아닌 그 누구에게
기꺼이 연탄 한 장이 되는 것

방구들 선득선득해지는 날부터 이듬해 봄까지
조선팔도 거리에서 제일 아름다운 것은
연탄차가 부릉부릉
힘쓰며 언덕길 오르는 거라네
해야 할 일이 무엇인가를 알고 있다는 듯이
연탄은, 일단 제 몸에 불이 옮겨 붙었다 하면
하염없이 뜨거워지는 것
매일 따스한 밥과 국물 퍼먹으면서도 몰랐네
온 몸으로 사랑하고 나면
한 덩이 재로 쓸쓸하게 남는 게 두려워
여태껏 나는 그 누구에게 연탄 한 장도 되지 못하였네

생각하면
삶이란
나를 산산이 으깨는 일

눈 내려 세상이 미끄러운 어느 이른 아침에
나 아닌 그 누가 마음 놓고 걸어갈
그 길을 만들 줄도 몰랐었네, 나는

《외롭고 높고 쓸쓸한》 문학동네

요산요수 樂山樂水

배재형

우리는 장난치듯 봄 햇살의 비유를
작은 종이 위에다 새겨 놓았다
하늘은 벤치에 내리는 맑은 마음을
지하철에도 날리고, 버스 창에도 날렸다
하루 종일 우리의 웃음을 소재 삼아
남은 희망을 떨어지는 꽃잎에
다시 날려 보냈다
도망치듯 날아가는 종이를 잡으러
산으로 바다로 돌아다니다
종로며 대학로며 충무로는
우리의 걸음걸이 보다 더 길어
의식의 축지법이 필요했다
쉽게 남은 길을 포기하기도 했고,
더 먼 길을 꿈꾸기도 했지만
술 취한 밤이 길어
꿈의 집은 거북이 등처럼 단단하고 느렸다

우리는 꿈을 얘기하다가
단단하고 느린 거북이가 되어
온 산과 바다를 깔깔거리며
떠돌아 다녔다

저도 앞바다로 가는 길

이소리

그해, 봄날처럼 포근한 겨울 오후
수정에서 저도로 가는 환승버스는 두 시간이 지나도록 오지 않았다
사람들은 두 평 남짓한 환승실에 혹은 쪼그려 앉고 혹은 일어서서
한미FTA 협상 반대 시위를 하고 있는 칼라TV 멍하니 쳐다보며
저도 앞바다로 가는 버스를 천불나게 기다린다
운전기사들은 버스회사에서 외상값 갚지 않아
이젠 밥집에서 밥조차 주지 않는다
머슴도 세 끼 밥은 먹이면서 일 시킨다
쑥덕쑥떡 쑥덕쑥떡거린다
아마, 그 환승버스 기사는 잣대 놨을 거야
우리도 곧 잣대 놔야 되지 않겠어?
몇 개월째 밀린 월급 받지 못해 울상인 운전기사들
저만치 바다를 숨긴 빈 들녘 한 귀퉁이에선
내일 아침 밥상 위에 오를 봄동이
초록빛 잎사귀 돌돌돌 말고 있고
밭두덩 곳곳에서는 검푸른 빛을 띤 냉이가

가끔 불어오는 짠바람에 온몸 파르르 떤다
썰렁한 겨울햇살마저 비껴가는 수정 버스환승장
마산시청 글씨가 등에 씌어진 옷 입은 사내 하나
쓰레기통에서 이기 돈 된다, 알루미늄 깡통 골라내고
컵라면으로 늦은 점심 떼운 중늙은 운전기사 한 명
컵라면 봉지 마구 찌그리며 하늘 높이 던진다
흰둥이 한 마리 잽싸게 뛰어가 컵라면 봉지 물어오고
운전기사는 컵라면 봉지 더욱 멀리 던진다
그렇게 몇 번 찌그러진 이 세상 같은 컵라면 봉지 던지자
흰둥이도 지쳤는지 더 이상 달려가지 않는다
저도 쪽 하늘에는 임금투쟁 머리띠처럼 붉은 노을이 지고
환승장 곳곳에도 배고픈 어둠이 꾸역꾸역 밀려드는데
며루치떼 펄떡이는 바다로 가는 버스는 끝내 오지 않았다

주는 게 먼저라고

이성이

절을 하다가
유치한 생각을 했다

왜 나는 불전佛錢을 놓고 또 고맙다며 절까지 하는가.
속되게, 돈 주고 절까지 하는 것인데

장난스러운 생각에 혼자
키득거리며 내려오는 길
자연스럽게 놓인 모든 것들은
전부 먼저 주고 있었던 것이다
새소리도
가을도
햇빛도
사랑도
주는 순간
팍! 빛 번지고
고맙다고 절하는 순간
그에게 가는 환한 길이 열렸던 것이다
아름다운 세상으로

《혀에 대한 그리움》 동랑커뮤니케이션즈

징검다리 건너

조길성

  애반딧불이 늦반딧불이 파파리반딧불이
  도랑가에 별빛으로 날아 망아지 눈 속처럼 깊은 밤을 부르던 거기
  그리운 것들 실어 우체국으로 보내면 명왕성 해왕성 징검다리 건너
  고향집 창가에 갈 수 있을까

  삶의 두려움이 긴 그림자 드리우는 창가
  어린 나무들 불빛 쪽으로 키를 늘이는데
  애반딧불이 늦반딧불이 파파리반딧불이 그렁그렁한 별빛 사이
  징검다리 건너 대문을 여는

《징검다리 건너》 문학의 전당

초혼 招魂

김소월

산산이 부서진 이름이여!
허공중에 헤어진 이름이여!
불러도 주인 없는 이름이여!

심중에 남아 있는 말 한마디는
끝끝내 마저 하지 못하였구나.
사랑하던 그 사람이여!
사랑하던 그 사람이여!

붉은 해는 서산 마루에 걸리었다.
사슴이의 무리도 슬피 운다.
떨어져 나가 앉은 산 위에서
나는 그대의 이름을 부르노라.

설움에 겹도록 부르노라.
설움에 겹도록 부르노라.
부르는 소리는 비껴가지만
하늘과 땅 사이가 너무 넓구나.

《진달래꽃》

커피 한잔에 담긴 그리움

정은아

가을 향기 짙은 이 밤
한 잔의 커피를 마시며
진한 그리움 속에 빠져본다.

커피향기를 맡으며
누군가를 그리워한다는 것은
아직도 내 안에 사랑의 불씨가
남아 있다는 것이겠지

메마른 가슴 부여안고
쓸쓸함을 이야기할 수 있는
네가 있어서 외롭지 않다.

《내 허락 없인 아프지도 마》 미래문화사

커피 칸타타

유안진

꿈도 없고 뉘우침도 없고
잠까지도 없는 하루의 끝에서
마지막 한 걸음 떼어놓다 말고
한 번이라도 뒤돌아보게 될까 봐 한 잔을 마시고
눈 딱 감고 뛰어내리려고 또 한잔을 마시고
거기 정말로 잠이 있나 확인하려고 한 잔을 더 마시고
잠 속으로 돌진할 마지막 준비로
머그잔 절반을 커피가루로
나머지 절반은 냉수로 채우지
캄캄한 잔속에 풍덩 뛰어들면
케냐 에콰도르 에티오피아의 어느
커피 농장으로 직행하게 되지
너무 빨리 달려가서
뜨는 해가 지는 줄도 모른 채

까맣게 새까맣게 잠이 되고 말지
까만 손톱으로 커피원두를 따는
작고 깡마른 소녀가 되지
가지마다 닥지닥지 매달린 동그란
원두열매가 되어버리지

《거짓말로 참말하기》 천년의시작

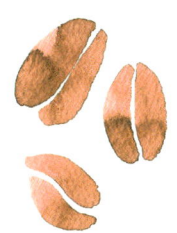

커피가 있는 풍경

공광규

커피 한 잔만큼 아득한 거리에서
우리는 서로 바라보고 있다

머리 한 번 숙이다 보면
이마가 닿을 위험한 거리에서

내가 너에게 먼저 가야 하나
네가 나에게 먼저 와야 하나를 계산하며

한 잔 커피 속에 녹아드는
한 숟가락 설탕보다 적은 자존의 양으로
바라보고 있다

그런 아득한 거리가
우리들의 일상이다

커피를 식히는 입바람 소리
잔과 잔 받침 사이 마찰소리가 서로에게 들리는
그런 아득한 거리에 우리들은

서로 건너지 못할 강물을
사이에 두고 앉아있다.

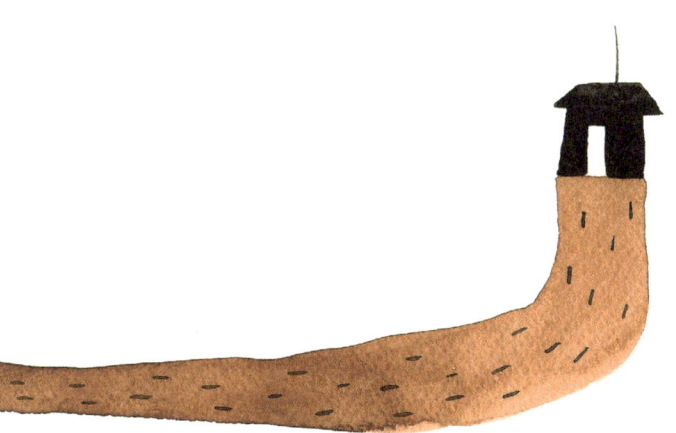

풀

김수영

풀이 눕는다.
비를 몰아오는 동풍에 나부껴
풀은 눕고
드디어 울었다.
날이 흐려져 더 울다가
다시 누웠다.

풀이 눕는다.
바람보다도 더 빨리 눕는다.
바람보다도 더 빨리 울고
바람보다도 먼저 일어난다.

날이 흐리고 풀이 눕는다.
발목까지
발밑까지 눕는다.
바람보다 늦게 누워도
바람보다 먼저 일어나고
바람보다 늦게 울어도
바람보다 먼저 웃는다

날이 흐리고 풀뿌리가 눕는다.

《거대한 뿌리》 민음사

한 잔의 커피

용혜원

하루에
한 잔의 커피처럼
허락되는 삶을
향내를 음미하며 살고픈 데
지나고 나면
어느새 마셔버린 쓸쓸함이 있다

어느 날인가
빈 잔으로 준비될
떠남의 시간이 오겠지만
목마름에
늘 갈증이 남는다

인생에 있어
하루하루가
터져 오르는 꽃망울처럼
얼마나 고귀한 시간들인가

오늘도 김 오르는 한 잔의 커피로

우리들의 이야기를
뜨겁게 마시며 살고 싶다

《이 세상에 그대만큼 사랑하고픈 사람 있을까2》 책만드는집

회개

송인

또 다시 새벽닭이 운다
지난날의 흉상들이 우뚝우뚝 일어선다
잠 못 이루는 밤이 너무 길었다
맨발로 도망 다니던 날들
안개 속이었다

언제나 돌아오고픈 자리
되돌려 놓을 수 없는 자리

겨울 저녁
모닥불은 피어오르고
죄가 무엇인지 모르는 사람들이
그 주위로 모여들고 있었다

-당신은 분명 그 사람 편이요!
-아니오, 나는 그 사람을 알지도 못하오!

그 때 세 번째 닭이 울고 있었다
사랑의 눈빛이 나를 응시하고 있었다

감당할 수 없는 가슴을 안고
밖으로 밖으로 도망쳤다
언제나 차갑고 쓸쓸하던 거리
몸에 저려오는 냉기를 느끼며
아무도 없는 어둠에서 울고 있었다

삼 년을 한 순간과 바꾸고
평생을 그림자 밟으며 살았다
잃어버린 관계를 그리며
뼛속을 태우며 몸이 야위도록
삼백예순다섯 마디를 아파야 했다

그 때부터
어느 곳으로 가든지
잊지 않고
새벽닭은 울어주었다

그 때마다
하늘을 우러러 보았다

흔들리며 피는 꽃

도종환

흔들리지 않고 피는 꽃이 어디 있으랴
이 세상 그 어떤 아름다운 꽃들도
다 흔들리면서 피었나니
흔들리면서 줄기를 곧게 세웠나니
흔들리지 않고 가는 사랑이 어디 있으랴

젖지 않고 피는 꽃이 어디 있으랴
이 세상 그 어떤 빛나는 꽃들도
다 젖으며 젖으며 피었나니
바람과 비에 젖으며 꽃잎 따뜻하게 피웠나니
젖지 않고 가는 삶이 어디 있으랴

《그대 가슴에 뜨는 나뭇잎새》 한양출판

희망

고산돌

그 흔한
약속도 없이 헤어졌지만
눈뜨면 어김없이
창가
어둠여미고 서 있는
사르지 못한 것들의 불씨
가없이 뜨거운
네 구애를
오늘은
꼭 안아줘야지

II부

아름다운 사랑
그 울림을

가끔은 가던 길도 멈춰야 할 때가 있다

이수종

때 아니게 서설瑞雪 소복이 내린 아침
얼마나 축복인가
다 지난 일이라고 바람 흐르듯
쉽게 보내려 했던 겨울 돌아서 있다

힘들었다고 얼른 가버리라고만 할 일은 아니다
살다 보면 기쁜 일도 찾아오는 법
산다는 것은
모두가 다 끝났다고 고개 떨구고 낙담할 때
희망은 동토의 벽을 뚫고 봄처럼 온다
얼마나 아름다운 도량인가
봄은 오는 길 서두르지 않고
다시 오는 이를 위해 제 자리를 내어 준다는 게

우리는 더디게 걸어야 한다
차마 놓을 수 없는 아린 풍경들도
탕진한 삶이라 해도 반성이 되어
언제라도 다시 돌아오도록
마음 한 편은 늘 비워둘 일

사랑은 오래도록 남아
귀 기울여 주며 샘처럼 고이는 것이다

보라
지나는 것들을 쉽게 흘려보낼 일이 아니다
떠난 것들도 오래 두면 서로 그리워하며
두고두고 사랑이 되는 것을
견디지 못하게 가슴 뜨거워질 때
가끔은 가던 길도 멈춰야할 때가 있다
불멸의 이름으로
빛나며 흐르는 것이 사랑이다

가을 江

김명인

살아서 마주 보는 일조차 부끄러워도 이 시절
저 불 같은 여름을 걸어 서늘한 사랑으로
가을 강물 되어 소리 죽여 흐르기로 하자
지나온 곳 아직도 천둥치는 벌판 속 서서 우는 꽃
달빛 난장亂杖 산굽이 돌아 저기 저 벼랑
폭포 지며 부서지는 우레 소리 들린다
없는 사람 죽어서 불 밝힌 형형한 하늘 아래로
흘러가면 그 별빛에도 오래 젖게 되나니
살아서 마주잡는 손 떨려도 이 가을
끊을 수 없는 강물 하나로 흐르기로 하자
더욱 모진 날 온다 해도

《머나먼 곳 스와니》 문학과지성사

감꽃

천유근

윤사월 아침
바람소리에 뒷뜰로 가보니
하,
감꽃들이 눈으로 떨어졌구나
반가워 반가워
한 움큼 뭉쳐 먹으니
하, 감물.
내 혈관에 강물로 흘러들던
그 아침의
시집詩集
한권.

구두장이와 요정들

아지몽

내 마음 속에는 다락방이 있습니다.
조그만 앉은뱅이책상 위에 낙서장이 놓여지고
아주 서툰 솜씨지만, 동그라미도 그려보고
네모며 세모며 굴뚝이며,
지붕을 그려봅니다.

내가 그리려고 했던 것은 분명 이것은 아니었습니다.
속이 텅 비어있는, 내가 그려놓은 형체들은
무언가 채워달라고 자꾸 조르기 시작합니다.
채워 놓아야 할 것이 도저히 떠오르지 않습니다.
어느새 팔베개를 하고 잠이 들고
나는 구두장이가 됩니다.

내가 잘라놓은 가죽들이 어지럽게 놓여져 있고
언제 왔는지,
화사한 분홍빛 봄옷을 입은 사람이
신발을 벗고 있습니다.
낡은 신발을 벗고 있습니다.

하얀 낙서장 위에는 발자국이 찍혀 있습니다.
꽃잎 한 장이 선명하게 찍혀져 있습니다.
그 아래 이렇게 메모가 쓰여져 있습니다.
'이 꽃잎에 꼭 어울리는 집을 예쁘게 지어주실거죠?'

진땀을 흘리며 열심히 바늘을 움직여 보지만,
어찌된 건지 매번 울상을 짓고 맙니다.
밤이 오고 카바이트 등에 불이 붙여집니다.
어두침침한 등불 아래서 나는
바보처럼 계속 그 일을 번복하고 있습니다.
나는 꿈속에서 어린아이처럼 엉엉 울고 말았습니다.

꿈속에서도 나는 잠이 듭니다.
그런데 꿈속에서 요정들이 나타나
내가 잘라놓은
구두 가죽들을 가지고 장난을 하고 있습니다.
나는 그들을 쫓아내려하지만 역부족입니다.
그럴수록 요정들은 더 짓궂게 훼방을 놓습니다.
꿈속에서도 나는 그만 울다 깨었습니다.

다락방 안의 사물들이 하나하나 눈에 들어오고
내 안에 있던 생각들도 그처럼 제자리를 찾아갑니다.

참으로 이상한 일입니다.
누가 가져다 놓았는지,
낙서장 위에는 예쁜 구두 한 켤레가 놓여져 있습니다.
다락방에는 내 마음을 닮은 물건들이
언제나 그렇게 놓여져 있었습니다.
예쁜 발자국을 찍어놓은 인형이며,
노랗게 바랜 책표지며, 잠들면서 찾아왔던 요정,
내가 만들고 싶었던 구두까지……

다락방에는 신이 처음으로 내려주었던
그러한 꿈이란 선물이 예쁘게 담겨져 있었습니다.

그리움이 흐르는 강

이경자

잔잔한 강물은 언제나 내 안으로만 흘렀다

청보리 필 무렵 강은
바다의 황어떼 산란장이 되어
가쁜 숨 떼지어 오르고

장맛비 쏟아지는 여름날
황톳빛 큰물이 모든 걸 할퀴었어도
이내 반짝이는 강가, 아낙들의 빨래소리
놀란 은어銀魚의 햇살 퍼득임

열일곱 나이에 시집오신 어머니
오산 사성암이 보이는 강언덕에 평생을 묻고
잠들어 계시는데
이제 내가 어머니 되어 그리운 江의
노래를 부른다

하늘 은빛으로 출렁이던 백사장 지금도
별똥별 떨어져 내릴까

안으로만 흘러내려 더욱 그립기만 한
섬 . 진 . 강 !

기타의 저음 위에 걸린 도시

이현채

내 눈에서는 자작나무 한 그루가 자라고 있습니다
멀리 시베리아에서 온 자작나무 한그루
내 눈동자 속에서 살고 있습니다

내 머리에는 비둘기 한 마리가 자라고 있습니다
둥지를 틀고 밖으로 나갈 줄 모르는 비둘기는
내 머릿속에서 날아가지 못하고 있습니다

내 머릿속에 사는 비둘기는
내 눈동자속의 자작나무로 날아다니며
재잘재잘 먼 나라의 전쟁을 얘기합니다

태양이 내 머리위로 비치면 비둘기는
자작나무의 손을 잡고 살금살금
풍경이 있는 찻집을 찾기도 하고
인디언 인형이 옛날 돈을 팔고 있는
상점을 기웃거리기도 하다가
지푸라기 옷을 입은 겨울나무의 가슴을 두근거리며
봄을 얘기하기도 합니다

비둘기는
도시를 가르며 과거와 현재의 경계
자작나무에서 몸살을 앓습니다

어둠이 내려앉습니다
보름인데도 달은 보이지 않고
빨래집게에 걸린 하늘이 우울합니다

기타의 저음 위에 걸린 도시의 밤
내 머릿속에는 비둘기 한 마리가 살고 있습니다
내 눈동자에는 자작나무 한 그루가 자라고 있습니다

《투란도트의 수수께끼》 지혜사랑

김치

이소리

넌 나 없으면 안달을 한다
술 마실 때나 밥 먹을 때나
넌 늘 나 찾는다
넌 나만 보면 마구 달겨들어
이리저리 주무르고 사정없이 죽죽 찢지만
나 아야 소리 한번 내지르지 않고
네 뜨거운 입술에 매콤한 내 몸 맡긴다
내 몸 샅샅이 핥는 네 혀
내 몸 잘근잘근 깨무는 네 어금니
마침내 넌 달콤한 웃음 띄우며
나 꾸울꺽 삼킨다
그리하여 나 네 몸이 되지만
넌 이 새 낀 고춧가루 보기 싫다고
날카로운 이쑤시개로 내 그림자 마구 쑤셔
저만치 퉤퉤 내뱉어 버린다

아아, 밑도 끝도 없이 씹히는 나날
나는 살아있다

꽃

김춘수

내가 그의 이름을 불러 주기 전에는
그는 다만
하나의 몸짓에 지나지 않았다.

내가 그의 이름을 불러 주었을 때
그는 나에게로 와서
꽃이 되었다.

내가 그의 이름을 불러 준 것처럼
나의 이 빛깔과 향기香氣에 알맞는
누가 나의 이름을 불러다오.
그에게로 가서 나도
그의 꽃이 되고 싶다.

우리들은 모두
무엇이 되고 싶다.
너는 나에게 나는 너에게
잊혀지지 않는 하나의 의미가 되고 싶다.

《김춘수 시선집》 현대문학

나뭇잎 떨어진 자리

배재형

간밤 늦은 비 그친 곳 창 열어
신선한 꿈 한 모금 들이키고 있을 때
천일기도 끝자락에 피어난
홍자색 자목련 꽃향 같기도 하고
합장한 손 마디마디에 타오르는
향내 같기 도한 푸른 입자 가득
내 가슴에 한바가지 쏟아진다
어디서 나는 향길까
눈빛은 무거운 가지를 붙들고서
간밤의 빗물을 보내고 있다
마당 가득 빗방울과 함께 떨어지는 나뭇잎들이
엄마 품 흙으로가 안긴다
똑 똑 빗방울 떨어뜨려내는 나뭇잎들이,
가지 끝 속죄를 쥐고 있는 나뭇잎 몇이
흔들리며 기도를 한다
향기는 저 곳에서 퍼져 나온 것일까
무거운 염주알을 돌리듯 흔들리며 흔들리며
장마가 가을로 환생하는 향길까
잎자루 가득 빗방울 얹혔다 떨어진 나뭇잎들이

이천拜 삼천拜 푹 익은 인내의 향기를 퍼뜨리고 있을 때,
깊은숨을 들이키자 향기는 몸 안 가득 웃는다

너의 밥

柚靑 이윤정

어미 제비는 새끼에게
하루 백 번
먹이를 준다지?

애야, 나는 너의 밥이다
한 술에 배부르지 않아도
시간이 지나면 불러오는 밥이다

단번에 보름달이 되던가?
느리게 느리게 달이 차올라
보름달이 되는 의미를 알겠니?

너를 기운나게 하려
뜨거운 밥이 되어주는 일이
얼마나 거룩한지 이제 나는 안다

이 밥을 맘껏 먹고
차가운 세상을 뜨겁게 하는
큰 일꾼이 되어라.

대봉 감 홍시

주순보

감이라면 자다가도 벌떡 일어나는
내 취향 아는 그이라
대왕 감 홍시 한 상자
사다주었다
터질듯 한 열정 품은 홍시들
그이의 사랑을 닮은 듯도 하다
태양 같은 그 표면 너무 뜨거워
만지는 손이 불타 녹아내릴 것만 같다
겨울 내밀한 공간의 습지에서도
일천도가 넘는 숯가마 불길
백자와 청자를 구우려는 것일까
불타는 사랑 한 입 베어 문다
빗소리와 눈 내리는 풍경 담고
한여름 뙤약볕과 우레 소리 스며들어
잘 숙성된 대왕 감 홍시는
그이의 농익은 사랑만큼 당도도 천하제일
갑자기 호랑이처럼 무서워져
내 심장을 멎게 한다
가멸차게 불타는 저 대왕 감 홍시 보렴

모닝커피

강혜경

검은 태양을 마신다
태양신이 내려주는 축복인 양
검은 향기를 털어 넣어야 일이 되는 아침이다
밥이다
배부르지 않은 일용할 양식이다

검은 액체를 털어 넣고
모닝 굿모닝 하는데
맨발로 달려와 책상 앞에 쌓이는
검은 문물들
가슴 콩콩콩 뛴다
그동안 마신 너희들의 노동이 캄캄하다
이 쌉쌀하고 시고 달콤한 맛이
검은 눈물의 맛이었음을
검은 피가
내 하수구 같은 모세혈관을 타고 돌면서
못난 내 아침을 열어주었음을, 깨닫는 시간

검은 태양을 마시는데

젖은 눈 속에
환하게 피어나는 커피꽃

향기 나는 하루를 살라면서
오늘은 네가 내게로 와서 나를 마신다

리필, 그리고 너머

이현채

햇살 가득 가슴에 안고
들어선 커피 전문점

창가에 앉아 습관처럼
아메리카노를 주문한다

리필이 되나요
커피 한 잔으로는 부족해
늘 두 잔을 마시는 여자

살아가는 모든 것에
리필이 가능하다면
우리는
부족함을 모르고 살아가리라

여기요
리필해 주세요

바다의 꿈

김성호

항상 웃는 얼굴로 반기던 바다
모든 것을 다 받아줄 것 같은 바다
늘 같은 모습으로 안부를 물어오던 파도
오늘은 내가 그의 안부를 물어봐야했다
그립다는 것은 보고 싶다는 것은
허기진 마음의 투정이고
목마른 몸뚱이의 기도와 같은 것
바다인들 슬픈 노래를 듣고 싶겠는가
나보다 더 슬퍼 보이는 바다에게
오늘 나는 그의 안부를 물어야했다
수평선 너머의 다른 세상만 꿈꿨지
바다가 꿈꾸는 세상을 잊고 살았으니
오늘은 내가
바다가 되고 파도가 되기로 했다.

《세상에선 어둠도 빛이다》 책나무

밤 편지

김남조

편지를 쓰게 해다오.

이날의 할 말을 마치고
늦도록 거르지 않는
독백의 연습도 마친 다음
날마다 한 구절씩
깊은 밤엔 편지를 쓰게 해다오.

밤 기도에
이슬 내리는 적멸寂滅을
촛불 빛에 풀리는
나직이 연습한 악곡樂曲들을
겨울 침상에 적시게 해다오.
새벽을 낳으면서 죽어가는 밤들을
가슴 저려 가슴 저려
사랑하게 해다오.

세월이 깊을수록
삶의 달갑고 절실함도 더해

젊어선 가슴으로 소리 내고
이 시절 골수에서 말하게 되는 길
고쳐 못 쓸 유언처럼
기록하게 해다오.
날마다 사랑함은
날마다 죽는 일임을
이 또한 적어 두게 해다오.

눈 오는 날에 눈발을 섞여
바람 부는 날엔 바람결에 실려
땅 끝까지 돌아서 오는
영혼의 밤외출도
후련히 털어놓게 해다오.

어느 날 밤은
나의 편지도 끝날이 되겠거니
가장 먼
별 하나의 빛남으로
종지부를 찍게 해다오.

《눈물과 땀과 향유》

방귀

최마루

타자기로 십진법을 그리다가
발이 없는 뱀을 보았습니다

물고기는 물을 먹습니다

엉뚱한 이득으로
반목하는 이들을 지켜보다가
하늘로 불끈 날아올라
물에 녹지 않는
고요한 색을 요청했지요

사람들은 살아있는 인형이라고
별들은 말 하더이다

그리하여
생의 단출한 가면극도 자주 본다고
나는 인생사
레제드라마라고 항변하였고
별들은 저렴한 학비로

미개지역인 지구를 선택하였다고 하네요

갑자기 별들이 미워집니다

그래서 결심했어요
아무개 별에 방귀나 뀌고 말아야지

범륜사 梵輪寺에 봄 오고

권대욱

여기 낯선
산골마다 봄이 깃들었다
숨 가쁜 능선
길 막는 진달래
이 산의 전설 같은 현호색
어설픈 개화가 이어지고
미어지는 속내에 깊어진 하늘
산고 마친 탄생들이
검푸른 바윗돌에 휘감긴다

지어미 서럽게 부르는 두견새울음에
수줍어 붉어지는 진달래
빨개진 복사꽃 숨길에 머문다

봄 웃음이 고사리 솜털같이
빗돌바위에 남겨둔 상념으로
오월의 날은
삶과 죽음이라는 것을 앞두고
처절한 낙화와 더불어 사라진다

여태 봄을 바라보고만 있다
아, 계절의 이정표가 여기에 있다
범륜사 풍경소리 따라오는 길에

복종

한용운

　남들은 자유를 사랑한다지마는, 나는 복종을 좋아하여요.
　자유를 모르는 것은 아니지만, 당신에게는 복종만 하고 싶어요.
　복종하고 싶은데 복종하는 것은 아름다운 자유보다도 달콤합니다, 그것이 나의 행복입니다.

　그러나 당신이 나더러 다른 사람을 복종하라면 그것만은 복종할 수가 없습니다.
　다른 사람을 복종하려면, 당신에게 복종할 수가 없는 까닭입니다.

《님의 침묵》

봄비

박성희

귓불을 치는 빗물
가슴으로 젖어드는
빗소리, 옹골찬 풍 한속에
얼었던 살 가지들
한 생전 옹이처럼
굳은 줄만 알았더니
이 빗줄기 그쳐지면
맑은 옹달샘 가에
새벽이슬, 내리는 소리도
아침 해, 솟아오르는
영롱함도
곱게 핀 목련화도
그 향기가 쏠쏠하리.

사람 사는 일

이수종

사람 사는 거,
그거 별거 아니다,

개불알꽃이나
며느리밑씻개 같은 이름
얻지 않으면 되는 일이다

이름 석 자,
민망한 이름으로 기억되지 않으면
되는 일이다

《시간여행》 비전출판사

사람을 그리워하는 일

오인태

하필 이 저물녘
긴 그림자를 끌고
집으로 돌아오다가
한 그루 나무처럼
우두커니 서서
사람을 그리워하다.

사람을 그리워하는 일,
홀로 선 나무처럼
고독한 일이다.
제 그림자만 마냥
우두커니 내려다보고 있는
나무처럼 참 쓸쓸한 일이다.

《등 뒤의 사랑》 뜨란

사랑

김용택

당신과 헤어지고 보낸
지난 몇 개월은
어딘가 마음 둘 데 없이
몹시 괴로운 시간이었습니다.
현실에서 가능할 수 있는 것들을
현실에서 해결하지 못하는 우리 두 마음이
답답했습니다.
허지만 지금은
당신의 입장으로 돌아가
생각해보고 있습니다.
받아들일 건 받아들이고
잊을 것은 잊어야겠지요.
그래도 마음속의 아픔은
어찌하지 못합니다.
계절이 옮겨가고 있듯이
제 마음도 어디론가 옮겨가기를
바라고 있습니다.

추운 겨울의 끝에서 희망의 파란 봄이

우리 몰래 우리 세상에 오듯이
우리들의 보리들이 새파래지고
어디선가 또
새 풀들이 돋겠지요.
이제 생각해 보면
당신도 이 세상의 하고많은 사람들 중의
한 사람이었습니다.

당신을 잊으려 노력한
지난 몇 개월 동안
아픔은 컸으나
참된 아픔으로
세상이 더 넓어져
세상만사가 다 보이고
사람들의 몸짓 하나하나가 다 이뻐 보이고
소중하게 다가오며
내가 많이도
세상을 살아낸
어른이 된 것 같습니다.

당신과 만남으로 하여
세상에 벌어지는 일들이 모두 나와 무관하지 않다는 것을
이 세상에 태어난 것을
고맙게 배웠습니다.
당신의 마음을 애틋이 사랑하듯
사람 사는 세상을 사랑합니다.

길가에 풀꽃 하나만 봐도
당신으로 이어지던 날들과
당신의 어깨에
내 머리를 얹은 어느 날
잔잔한 바다로 지는 해와 함께
우리 둘인 참 좋았습니다.

이 봄은 따로따로 봄이겠지요.
그러나 다 내 조국 산천의 아픈
한 봄입니다
행복하시길 빕니다.

《그대 거침없는 사랑》 푸른숲

사랑이 올 때

신현림

그리운 손길은
가랑비같이 다가오리
흐트러지게 장미가 필 땐
시드는 걸 생각지 않고

술 마실 때
취해 쓰러지는 걸 염려치 않고
사랑이 올 때
떠나는 걸 두려워하지 않으리

봄바람이 온몸 부풀려갈 때
세월 가는 길 아파하지 않으리
오늘같이 젊은 날, 더 이상 없으리

아무런 기약 없이 헤어져도
봉숭아 꽃물처럼 기뻐
서로가 서로를 물들여 가리

《해질녘에 아른 사람》 민음사

사슴

노천명

모가지가 길어서 슬픈 짐승이여,
언제나 점잖은 편 말이 없구나.
관이 향기로운 너는
무척 높은 족속이었나 보다.

물속의 제 그림자를 들여다보고
잃었던 전설을 생각해내곤
어찌할 수 없는 향수에
슬픈 모가지를 하고 먼데 산을 쳐다본다.

《한국문학총서4》 해냄

성산포의 안개

宵火 고은영

선과 악이 공존하는
모든 담을 허물고
어둠과 함께 안개는
인간의 모든 구획을 묻어 버렸다
어떤 규칙도 담아낼 수 없는
흉흉한 안개 골짜기

밤이면 배는 안개로 침몰했다.
침몰한 배가 돌아올 줄 모르는 것은
안개 때문이었다
사람들은
넋이 고파 밤을 배회하는
안개를 늘 두려워했다

시도때도없이 봄이면 그 마을은
안개로 덮여 지천에 죽음의 냄새로
방파제를 넘나들고 사람들이 가슴을 비비던
어판장 깨어진 의자조차
야금야금 집어삼켰다

어느 날 밤바다를 지키던 노인이
절벽을 타고 바다로 추락해
처참하게 죽어 갔다

사람들은 귀신에 홀려 죽었다고 했다
그것이 안개 때문임을 알면서도
사람들은 그것을 부정했다

봄 밤 배시시 웃는 유채꽃도 안개로 젖으면
얼굴을 숨기고 침묵으로 일관했다
안개는 시간의 경계를 저울질하다 급습했다
삽시간에

성산포 그 섬 같은 작을 마을은
안개가 몰려오면 안개의 퇴적층마다
한 서린 등대가 목이 쉬도록 정적을 깨고
밤마다 길게 울었다

세월

고산돌

바람 같은
인연을 마주한 순간
설렘을 살며시 물 위에 띄우면
산허리 감고 돌아
마주한 당신은
어느새 그리움 돼 있겠지요

손님

김지혜

노크도 없이 들어왔네
없는 문을 열고 들어온 이여
없는 문을 열고 들어와 어느 날 문득
내 마음속 한복판에 드러누운 이여
두 손 곱게 모으고 수장 水葬된 성처녀처럼
미동 없이 슬픔만 가득한 이여
잠들 데가 없어 오셨는가
앓을 데가 없어 오셨는가
일러준 일 없는 나의 문
나조차 열어본 적 없는 문
그 문을 당신이 열었네
백百의 고통과 천千의 슬픔이
만萬의 침묵을 열어젖혔으니
그대여, 당신이 나의 주인이었네

안개 경보

김태필

가을의 끝자락에서 길을 나서다.

숨 가쁘게 달려가다
길을 잃은 맹목의 열정,
환몽의 시간에 들면서
근원을 상실한 가을 풍경
달리는 차들의 불빛마저도
존재가 지워지는
부곡쯤에서 지독한 안개를 만났다.

머릿속까지 스멀스멀 기어드는
안개를 부정할수록
점점 혼미해지는 의식을
흔들어 깨우며
사람들의 마을로 가야 한다고
명료의 공간으로 가야 한다고

그렇다
안개 때문에 너를 잃었다

아니다
너를 잃어버려서 지천이 안개가 되었다
그렇다
안개 때문에 나를 잃었다
아니다
나를 잃어버려서 지천이 안개가 되었다

무슨 생각인가를 골똘히 하였다
안개가 사라져야 한다고
생각을 한 것 같기도 하고
안개와 아무 상관없는
생각을 한 것 같기도 하고
그렇게 희미한 비명 속을 헤매는 사이
환몽의 시간은 끝나고

나는 이만큼 나이를 먹었다

우리가 물이 되어

강은교

우리가 물이 되어 만난다면
가문 어느 집에선들 좋아하지 않으랴.
우리가 키 큰 나무와 함께 서서
우르르 우르르 비오는 소리로 흐른다면.

흐르고 흘러서 저물녘엔
저 혼자 깊어지는 강물에 누워
죽은 나무뿌리를 적시기도 한다면.
아아, 아직 처녀인
부끄러운 바다에 닿는다면.

그러나 지금 우리는
불로 만나려 한다.
벌써 숯이 된 뼈 하나가
세상에 불타는 것들을 쓰다듬고 있나니

만 리 밖에서 기다리는 그대여
저 불 지난 뒤에
흐르는 물로 만나자.

푸시시 푸시시 불 꺼지는 소리로 말하면서
올 때는 인적 그친
넓고 깨끗한 하늘로 오라.

《풀잎》 민음사

의자 7

조병화

지금 어드메쯤
아침을 몰고 오는 분이 계시옵니다.
그분을 위하여
묵은 이 의자를 비워드리지요.

지금 어드메쯤
아침을 몰고 오는 어린 분이 계시옵니다.
그분을 위하여
묵은 의자를 비워 드리겠어요.

먼 옛날 어느 분이
내게 물려주듯이

지금 어드메쯤
아침을 몰고 오는 어린분이 계시옵니다.
그분을 위하여
묵은 의자를 비워 드리겠습니다.

《문학사상 한국대표 101인 선집 조병화》문학사상사

입춘

玄甫 이상익

월출산정거송간 月出山頂去松間
해우소처유궁제 解憂所處幼麞啼
팔봉구릉동흔소 八峰丘陵冬痕消
위세절벽춘기래 威勢絶壁春氣來

산봉우리에 달이 솟아 소나무 사이로 가고
뒷간 부근에서 어린 궁노루가 우는데,
팔봉산 능선은 겨울 흔적 사라지고
위세당당 한 절벽에는 봄기운이 성큼 다가오겠구나.

정동진

권복례

바다에는 비가 내리고 있었다
떠오른 해도
파도도 다 비에 섞여버리고
가지각색의 우산들만 정동진을 향하고 있었다

동해를 바라보고 서 있는
소나무 옆에서
우리 부부는 사진 한 장을
나란히 서서 찍고 싶었지만
한손으로 우산을 받쳐 들고 있는 사람들에게
사진기를 내밀기가 뭐해서
따로따로 한 장씩 찍고
비오는 정동진을 바라보았다

통나무 찻집에 앉아
커피를 마시며
오래도록 비에 젖고 있는
정동진 동해바다를
바라보았다

《천안시인회 15번째 시화집-숨》 오늘의문학사

종이 강

박찬현

은빛
점점이 떠다니는
강가에서
종일
손바닥으로
빛을 낚았다
소쿠리에서 파닥이는
은빛들
해 으스름에서야
종이 위에
흩뿌리고
침상에 누워보니
종일 거두어 뿌린 은빛들
밤하늘
촘촘한 별무리를 이루고
곤히 잠 들었어

《동하시인선7》 동하

찻집 창가에서

안경애

잊은 줄 알았던 그리운 향기
작은 가슴에 선물처럼 담겨와,

타인처럼 한참을 서성이다
나도 모르게
뚝 떨어지는 눈물 한 방울

별빛 가지런한 밤
그대 달려오면 안길 수 있게

행복을 물들인 그 하루,
내 마음 전망 좋은 방에 걸어 둘 테니

내 생각날 때마다
수채화 빛 사연하나 걸어 줄래요

커피 1

윤보영

커피에 설탕을 넣고
크림을 넣었는데
맛이 싱겁군요

아~ 그대 생각을 빠뜨렸군요.

《그리움 밟고 걷는 길》 건강신문사

하얀 꿈

황순남

눈이 내린다
내 안에 쌓여서
하얗게 숨을 쉰다

너의 그리움으로
한 아름 내가 받아 안고
하얀 꿈으로 푼다

천 마리의 학이
하늘 높이
치솟아 오르는 꿈을.

《나도 저 창 밖에》 마을

한 잔의 커피

조우성

커피는
과거보다 새까맣다
새까맣다 못해
흑갈색이다
그러나
설탕은 미래보다 하얗다
하얗다 못해
시푸르다.

나는 한 잔의 커피에
두 순갈의
설탕을 넣는다.
이러지 않고는
모든게 흐트러진다.

그러므로 블랙 커피를 마시려면
혀의 위선이 필요하다.
때에 따라서는 또
블랙커피도 필요하다.

이제 나는 그것을 안다.
알고 있지만, 나는
한 잔의 커피에는
어쩔 수 없이 두 숟갈의
설탕을 넣는다.
사람은 그렇게 산다.
그렇게 산다고
믿고 산다.

《한국시인총서 3》 민족문화사

향수 鄕愁

정지용

넓은 벌 동쪽 끝으로
옛이야기 지줄대는 실개천이 휘돌아나가고,
얼룩백이 황소가
해설피 금빛 게으른 울음을 우는 곳,

―그곳이 차마 꿈엔들 잊힐 리야.

질화로에 재가 식어가면
뷔인 밭에 밤바람 소리 말을 달리고,
엷은 졸음에 겨운 늙으신 아버지가
짚베개를 돋아 고이시는 곳,

―그곳이 차마 꿈엔들 잊힐 리야.

흙에서 자란 내 마음
파아란 하늘빛이 그리워
함부로 쏜 화살을 찾으러
풀섶 이슬에 함추름 휘적시던 곳,

―그곳이 차마 꿈엔들 잊힐 리야.

전설바다에 춤추는 밤물결 같은
검은 귀밑머리 날리는 어린 누이와
아무렇지도 않고 예쁠 것도 없는
사철 발 벗은 아내가
따가운 햇살을 등에 지고 이삭 줏던 곳,

—그곳이 차마 꿈엔들 잊힐 리야.

하늘에는 성근 별
알 수도 없는 모래성으로 발을 옮기고,
서리 까마귀 우지짖고 지나가는 초라한 지붕
흐릿한 불빛에 돌아앉아 도란도란거리는 곳

—그곳이 차마 꿈엔들 잊힐 리야.

황홀한 달빛

김영랑

황홀한 달빛
바다는 은銀장
천지는 꿈인 양
이리 고요하다.

부르면 내려올 듯
정든 달은
맑고 은은한 노래
울려날 듯

저 은銀장 위에
떨어진단들
달이야 설마
깨어질라고

떨어져보라.
저 달 어서 떨어져라.
그 혼란스럼
아름다운 천동지동

《사람이 향기로운 것은 사랑 때문이다》

재능을 기부해 주신 나눔시인들

강은교, 강혜경, 김남조, 김명인, 김성호, 김소월, 김수용, 김수우, 김영랑, 김용관, 김용택, 김지혜, 김춘수, 김태필, 김현승, 고산돌, 고은영, 고정희, 공광규, 권대웅, 권복례, 나희덕, 노천명, 도종환, 문혜진, 박목월, 박성희, 박인환, 박찬현, 배재형, 신현림, 송인, 아지몽, 안경애, 안도현, 이경자, 이상익, 이성이, 이소리, 이수종, 이윤정, 이하, 이현채, 이형기, 임영조, 오인태, 용혜원, 유안진, 윤동주, 윤보영, 원재훈, 정동용, 정은아, 정지용, 정진규, 정호승, 조길성, 조병화, 조우성, 주순보, 차주일, 천상병, 천유근, 최마루, 한용운, 황순남, 황지우

강은교 : 1945년 함경남도 홍원 출생. 1968년 〈사상계〉에 '순례자의 잠'외 2편을 발표하고 신인문학상으로 등단. 첫시집 ≪허무집≫외 총 65종의 저서를 출간했다. 한국문학작가상, 김소월상, 정지용문학상 등 다수의 상을 수상했다.

강혜경 : 1957년 전북 남원 출생. 〈창조문학신문사〉 시 부문 당선. 한국문단회원, (사)녹색문단 회원으로 활동 중이다.

김남조 : 1927년 경상북도 대구 출생. 〈연합신문〉, 〈서울대 시보〉, 〈사대신문〉 등에 작품을 발표하며 데뷔했다. 시집 《목숨》이후 16권의 시집과 다수의 저서를 출간했다. 국민훈장모란장과 은관문화훈장 등 다수의 상을 수상했다.

김명인 : 1946년 경북 울진 출생. 1973년 〈중앙일보〉 신춘문예 당선. 시집으로 《동두천, 1979》, 《따뜻한 적막, 2006》외 다수가 있다. 김달진문학상, 소월시문학상, 동서문학상, 현대문학상, 이형기문학상 등 다수의 상을 수상했다.

김성호 : 충북 무극 출생. 2002년 월간 〈문학세계〉를 통해 등단. 시집 《장승이 된 우체부, 2004》, 《세상에선 어둠도 빛이다, 2011》 등을 발표 하였다. 고양예고에서 '시 창작' 강의를 하였다.

김소월 : 1902년 평북 구성 출생 ~ 1935년. 본명은 정식. 1920년 〈창조〉에 '낭인의 봄' 등으로 등단. 시집《진달래꽃, 1925년》발표. 금관문화훈장 추서. 한국예술평론가협의회 선정 20세기를 빛낸 한국의 예술인으로 선정됐다.

김수영 : 1921년 서울 출생 ~ 1968년. 시 '묘정의 노래'를 〈예술부락〉에 발표하며 등단. 첫 시집《달나라의 장난》외 다수의 저서를 발표 했다. 한국시인협회상, 한국예술평론가협의회 20세기를 빛낸 한국의 예술인 선정. 금관문화훈장이 추서됐다.

김수우 : 1959년 부산 영도 출생. 1995년 〈시와시학〉 신인상으로 등단. 시집 《길의 길》, 《당신의 옹이에 옷을 건다》외 다수와 사진에세이집 《하늘이 보이는 쪽창》외 다수, 산문집《백년어》외 다수를 발표 했다.

김영랑 : 1903년 전남 강진 출생 ~ 1950년. 본명은 윤식. 1930년 3월 〈시문학〉에 '동백잎에 빛나는 마음' 등을 발표하며 등단했다. 시집 《영랑시집, 1935년》, 《영랑시선, 1949년》 등이 있다.

김용관 : 호는 淨山. 시집 《가을의 휘파람》외 6권과 수필집 《이제, 보수의 옷을 벗자》, 명상집 《사랑은 오래 참고 나를 낮추는 거울》등 10여권의 작품을 발표했다. 현재 동학혁명을 다룬 대서사시 《파랑새 전봉준》집필 중이다.

김용택 : 1948년 전북 임실 출생. 1982년 〈창작과비평사〉에서 펴낸 '21인 신작 시집' 《꺼지지 않는 횃불로》에 '섬진강' 외 8편을 발표하며 데뷔. 시집 《섬진강》외 다수를 발표하

고 김수영문학상, 소월시문학상 등을 수상했다.

김지혜 : 1976년 서울 출생. 2001년 〈동아일보〉 신춘문예에 '이층에서 본 거리'로 당선되어 등단. 시집으로 《오 그 자가 입을 벌리면》이 있다.

김춘수 : 1922년 경남 통영 출생 ~ 2004년. 1946년 시화집 〈애가〉에 등단. 첫 시집 《구름과 장미》외 《샤갈의 마을에 내리는 눈》, 《시의 표정》등의 저서를 발표했다. 은관문화훈장, 한국시인협회상, 인촌상 등을 수상했다.

김태필 : 1963년 경남 양산 출생. 〈월간한국문단〉 시 부문 등단. 〈월간한국문단〉 낭만시인문학상 대상을 수상했다. 양산문학 회원 편집위원역임. 현재 부산국제외국어고등학교 교사로 재직하며 나눔문학상 운영위원으로 활동 중이다.

김현승 : 1913년 평안남도 평양 출생 ~ 1975년. 1934년 〈동아일보〉에 시 '쓸쓸한 겨울저녁이 올 때 당신들로' 등단. 시집으로 《김현승 시초》외 다수의 저서를 발표, 서울특별시 문화상, 제1회 전라남도 문화상 등을 수상하였다.

고산돌 : 1970년 강원도 춘천 출생. 아명은 은석銀錫. 〈창조문학신문사〉 〈월간한국문단〉의 신인문학상을 수상했다. 현재 (재)초록우산어린이재단 후원을 목적으로 〈고산돌 나눔문학촌〉을 설립하고 촌장으로 활동하며 나눔문학상과 백일장 운영위원을 맡고 있다.

고은영 : 1956년 제주도 성산포 출생. 아호 소화宵火. 〈월간신춘문예〉, 〈한올문학〉시 부문 신인상, 시집 《학여울 가는 길》과 시화집 《그리움이 어두워질 때까지》을 발표. 2011년 죽산문학상 수상, 대한민국 수채화대전에 입상했다.

고정희 : 1948년 전남 해남 출생 ~ 1991년. 1975년 〈현대시학〉의 추천을 받아 등단. 〈목요시〉 동인으로 오월 시인으로 활동하였다. 시집《아름다운 사람하나, 1991》외 다수를 발표하고 1983년 대한민국 문학상을 수상했다.

공광규 : 1960년 서울 출생. 1986년 월간 〈동서문학〉 신인문학상으로 등단. 시집 《소주병》 등을 발표하고 제1회 신라문학대상, 제4회 윤동주상 문학대상, 23회 동국문학상, 제1회 김만중문학상, 제16회 현대불교문학상을 수상했다.

권대욱 : 호는 청하淸河. 〈문예지평 文藝地平〉 시 부문 3회 천료. 중랑신춘문에 시와 시조부문에 당선. 시집 《모래밭에 그린 날들》과 공저시집 《구름에 쓴 편지》외 등에 참여했다. 문예지평상, 〈월간모던포엠〉 문학상 본상을 수상했다.

권복례 : 대전광역시 출생. 1970년 공주교대 '석초문학동인회' 활동을 시작해〈천안문학〉 신인상으로 등단. 시집 《하나님의 해답》과 수필집 《내 마음의 뜰》을 발표. 1995년 전국 독서지도우수교사 표창, 해동문학상 등을 수상했다.

나희덕 : 1966년 충남 논산 출생. 1989년 〈중앙일보〉 신춘문예에 시 '뿌리에게'가 당선되어 등단. 시집 《뿌리에게》외 다수의 저서를 발표하고 김수영문학상, 현대문학상, 이산문학상, 소월시문학상, 조지훈상 등을 수상했다.

노천명 : 1911년 황해도(黃海道) 장연 출생 ~ 1957년. 1930년 이화여전 교지 〈이화〉 3호에 시 '고성허(古城虛)에서'등을 발표. 시집 《산호림》, 《창변窓邊》, 《별을 쳐다보며》를 발표했다. 유고 시집 《사슴의 노래》가 있다.

도종환 : 1955년 충북 청주 출생. 1984년 동인지 〈분단시대〉에 '고두미 마을에서' 등 5편의 시를, 1985년 〈실천문학〉에 '마늘밭에서'를 발표하며 등단했다. 시집《접시꽃 당신》외 다수를 발표. 백석문학상 등 다수의 상을 수상했다.

문혜진 : 1976년 경북 김천 출생. 1998년 〈문학사상〉으로 등단했으며 시집 《질 나쁜 연애》, 《검은 표범 여인》이 있다. 2007년 제26회 김수영 문학상을 수상했다.

박목월 : 1916년 경북 상주 출생 ~ 1978년 작고. 본명 박영종, 호는 목월. 1939년 〈문장〉으로 등단. 시집 《청록집. 1946 공저》, 《산도화. 1954》등을 발표. 아세아자유문학상, 대한민국 문예상, 국민훈장 모란장 등을 수상했다.

박성희 : 전북 군산 출생. 호는 해운海韻. 〈국보문학〉을 통해 등단했다. 〈월간한국문단〉 등을 통해 꾸준히 작품 활동을 하고 있으며, 소셜미디어를 통해 소외계층 어린이를 돕기 위한 나눔문학 활동을 왕성하게 하고 있다.

박인환 : 1926년 강원도 인제 출생 ~ 1956년. 1946년 〈국제신보〉에 '거리'를 발표하면서 문단에 등단. 시집 《박인환 선시집. 1955》을 발표했다. 대표작으로 '목마와 숙녀', '세월이 가면' 등이 있다.

박찬현 : 1959년 경북 대구 출생. 호는 설록雪鹿. 1989년 고 천상병 선생의 천료로 〈동양문학〉에 등단. 1991년 〈문예사조〉에 시 '종이강' 등을 발표 신인상을 수상. 시집 《종이강》을 발표하고 한국문인협회 회원으로 활동 중이다.

배재형 : 1973년 서울 출생. 2006년 〈월간문학〉 동시부문 신인문학상으로 등단. 시집 《사랑을 위해 준비한 그리움들》과 공저 시집《바람으로 가자》, 《오른손을 뻗다》가 있다. 제5회 유심신인문학상 시부문을 수상했다.

신현림 : 1961년 경기도 의왕 출생. 1990년 〈현대시학〉에 '초록말을 타고 문득' 외 9편을 발표하면서 등단했다. 《해질녘에 아픈 사람》외 다수의 저서를 발표했다. 동시집 《초코파이 자전거》가 초등학교 교과서에 실렸고 〈사과밭 사진관〉 등의 사진전을 열었다.

송 인 : 1946년 부산 출생. 〈믿음의 문학〉으로 등단. 시집 《시계를 산다고 시간을 사는 것은 아니다》 외 12권의 저서를 발표. 재외 동포 문학상 입상, 미주 문학상, 크리스찬 문

학상 등을 수상했다. 신학박사. 목사로 활동 중이다.

아지몽 : 1959년 충남 천안 출생. 본명 김남식. 〈월간시사문단〉에 '사랑의 사칙연산' 외 2편으로 등단. 공저시집 《한 편의 시가 직립할 때까지》를 출간했다. '느낌 있는 뿌리 깊은 이야기' 다음카페와 네이버 블로그를 운영 중이다.

안경애 : 호는 사라. 소로문학 2010년 여름 3호 추천으로 문단에 데뷔하였다. 소로문학과 모던포엠을 통해 꾸준히 시를 발표하며 시작활동을 하고 있다.

안도현 : 1961년 경북 예천 출생. 1984년 〈동아일보〉 신춘문예 당선. 《서울로 가는 전봉준》외 다수의 시집과 동화를 발표. 시와시학상 젊은 시인상, 소월시문학상 대상, 노작문학상, 이수문학상, 윤동주문학상 문학부문을 수상했다.

이경자 : 1960년 전남 구례 출생. 〈국보문학〉 시 부문 등단. 동인지 내 마음의 숲 5,6,7,8,9.집 외 다수에 참여 했다. 〈국보문학〉 창작 작품상 시 부문, 〈월간한국문단〉 신인문학상, 대한민국 100인 녹색지도자상 등을 수상했다.

이상익 : 李相益 1959년 경기도 안양 출생. 호는 현보玄甫, 현암玄岩. 〈한올문학〉 시조부문 등단. 각종 서예대전에서 다수 입상하고 2회의 개인전을 열었다. 현재 한문학교수. 시조시인. 서예가. 현암서예원 원장으로 활동 중이다.

이성이 : 〈영주일보〉 신춘문예에 '어떤 사랑에 대해'로 당선되어 등단했다. 시집 《갈비뼈가 부러진 포옹》, 《혀에 대한 그리움》이 있다. 2008년 전국신춘문예 당선詩 중 王中王 선정. 2010년 녹색문법문학상 대상 등을 수상했다.

이소리 : 1959년 경남 창원 출생. 1980년 월간 〈씨알의소리〉에 '개마고원' '13월의 바다' 등 3편으로 등단. 시집《노동의 불꽃으로》외 3편. 장편소설 《미륵 딸》등이 있다. 현재 일간문예뉴스 〈문학in〉 대표를 맡고 있다.

이수종 : 충남 논산 출생. 시 '능소화' 등으로 〈창조문학신문사〉 신인문학상 을 수상하고 등단. 시집 《시간여행》발표. (사)녹색문단 베스트작가상, 대한민국 100인 녹색문인 지도자상을 수상했다. 나눔문학상 운영위원으로 참여하고 있다.

이윤정 : 1960년 경북 안동 출생. 호는 유청. 심상신인문학상을 수상하며 등단. 제 5회 불교문학 시부문 대상. 울산 MBC 주최 전국 여성백일장 88년 수필부문 최우수상 등을 수상했다. 계간종합문예지 작가시선 발행인을 맡고 있다.

이하(李夏) : 영주 출생. 본명 이만식. 78년 학원문학상 소설 '붉은교복' 입상. 〈월간문학〉 오늘의 문학 등단. 《89억 명이 탄생시킨 존재》외 다수의 저서를 발표하고, 〈월간문학〉 시조 신인상, 〈오늘의문학〉 시 신인상 등을 수상했다.

이현채 : 1966년 충남 당진 출생. 2008년 계간 〈창작21〉에 등단. 계간〈시평〉으로 작품 활동을 시작했다. 시집 《투란도트의 수수께끼, 2011 지혜사랑 출판사》을 발표하고, 현재 문학in을 통해 활발히 활동을 하고 있다.

이형기 : 1933년 경남 진주 출생 ~ 2005년. 시집으로 《적막강산》, 《낙화》 등과 평론집 《감성의 논리》, 《한국문학의 반성》 등이 있다. 한국문학가협회상, 문교부 문예상, 시인협회상, 대한민국 문학상 등 다수의 상을 수상했다.

임영조 : 1943년 충남 보령 출생 ~ 2003년. 1970년 〈월간문학〉 신인상 수상과 1971년 〈중앙일보〉 신춘문예에 '목수의 노래'가 당선. 시집《바람이 남긴 은어》등을 발표, 현대문학상, 소월시문학상, 보관문화훈장이 추서됐다.

오인태 : 1962년 경남 함양 출생. 91년 문예지 〈녹두꽃〉 추천으로 시인이 된 뒤 시집 《그곳인들 바람 불지 않겠나》, 《혼자 먹는 밥》, 《등 뒤의 사랑》, 《아버지의 집》, 《별을 의심하다》를 발표했다.

용혜원 : 1952년 서울 출생. 1992년 〈문학과 의식〉을 통해 문단 데뷔. 시집 《용혜원 대표詩 100》등 69권의 시집과 7권의 시선집, 총 152권의 저서가 있다. 한국경제신문사 및 (사)한국강사협회에서 명강사로 선정. 현재 목회자로 활동 중이다.

유안진 : 1941년 경북 안동 출생. 1965년~1967년 〈현대문학〉 3회 추천으로 등단. 첫 시집 《달하》외 다수를 발표. 정지용문학상, 소월문학상 특별상, 월탄문학상, 한국펜문학상, 구상문학상, 한국시인협회상 등 다수의 상을 수상했다.

윤동주 : 1918년 북간도 용정 출생 ~ 1945년. 1939년 〈카톨릭 소년〉에 동시 '병아리 빗자루'를 발표. 유고시집 《하늘과 바람과 별과 시》가 있다. 대한민국 건국훈장 독립장 추서, 20세기를 빛낸 한국의 예술인으로 선정되었다.

윤보영 : 2009년 〈대전일보〉 신춘문예 동시 부문 당선. 〈지구문학〉 신인상을 수상. 시집 《소금별 초롱별》, 《내 안의 그대가 그리운 날》등 10권의 저서를 발행하였다. 한국동시문학회, 한국동요문화협회 회원 등으로 활동 중이다.

원재훈 : 1961년 서울 출생. 1988년 〈세계의 문학〉 겨울 호에 시 '공룡시대' 등을 발표했다. 시집 《그리운 102》, 《딸기》, 장편소설 《바다와 커피》등과 산문집 《나는 오직 책 읽고 글 쓰는 동안만 행복했다》 등을 펴냈다.

정동용 : 1960년 출생. 1991년 〈한길문학〉에 시 '모터의 꿈'외 4편을 발표하며 데뷔. 시선집 《사랑을 머금은 자 이 봄, 목마르겠다》을 발표. 인사동 시인학교를 운영했다. 현재 일간문예뉴스 문학in 광고국 업무에 참여하고 있다.

정은아 : 바다문인협회 회원. 시집 《내 허락 없인 아프지도 마》를 발표했다.

정지용 : 1902년 충북 옥천 출생 ~ ?. 1926년 〈학조〉에 '카페 프랑스', '슬픈 인상화' 등을 발표하면서 등단. 시집 《정지용시집, 1935년》, 《백록담, 1941년》, 《지용시선, 1946년》 등이 있다.

정진규 : 1939년 경기도 안성 출생. 1960년 '나팔서정'으로 〈동아일보〉 신춘문에 당선. 시집 《마른 수수깡의 평화》, 《몸시》 등 다수의 저서를 발표. 한국시인협회상, 월탄문학상, 현대시학작품상, 이상시문학상 등 다수를 수상했다.

정호승 : 1950년 대구광역시 출생. 〈한국일보〉 신춘문예, 〈대한일보〉 신춘문에 당선. 〈조선일보〉 신춘문에 당선. 시집 《슬픔이 기쁨에게》외 다수를 발표. 소월시문학상, 동서문학상, 정지용문학상, 편운문학상 등을 수상했다.

조길성 : 1961년 과천 출생. 2006년 〈창작21〉로 등단. 시집으로 〈징검다리 건너〉가 있다.

조병화 : 1921년 경기도 안성 출생 ~ 2002년. 시집 《버리고 싶은 유산》으로 데뷔. 《편운재에서의 편지》 등 51권의 시집을 발표. 대한민국문학대상 등 다수의 상을 수상했다. 국민훈장 모란장과 대한민국 금관문화훈장이 추서되었다.

조우성 : 1948년 인천 출생. 1975 〈심상〉에 시 '그대' 등으로 등단. 시집 《소리를 테마로 한 세 편의 시, 1980》외 다수를 발표. 인천광역시 문학부문 문화상, 인천언론대상, 인천사랑운동시민대상 등을 수상했다.

주순보 : 경남 거제 출생. 1995년 「가야문학회」 입회. 1998년 〈월간韓國詩〉 신인상 등단. 시집 《꽃씨는 겨울을 생각한다》, 《겨우살이가 말하다》를 발표했다. 설송문학상 우수상 등을 수상했다. 영광도서 지정작가로 선정되었다.

차주일 : 1961년 전북 무주 출생. 2003년 〈현대문학〉 등단. 시집 《냄새의 소유권》, 공저 《풀잎은 공중에 글을 쓴다》가 있다. 2011년 제6회 윤동주문학상 젊은 작가상을 수상했다.

천상병 : 1930년 일본 출생 ~ 1993년. 1949년 〈문예〉지에 '갈매기'로 등단. 시집 《새》, 《주막에서》, 《천상병은 천상 시인이다》, 《요놈 요놈 요 이쁜놈》, 《저승가는 데도 여비가 든다면》을 발표. 은관문화훈장이 추서 되었다.

천유근 : 1961년 경북 경주 출생. 85년 〈시문학〉을 통해 등단. 시집 《버섯》을 발표하였다.

최마루 : 1968년 대구 출생. 2008년 〈현대시문학〉 등단. 2008년 현대시문학 신인문학상, 2009년 창조문학신문사 신인문학상, 녹색문법문학상, 2009년 한국시연구협회주최 조지훈문학상 전체 대상을 수상했다.

한용운 : 1879년 충남 홍성 출생 ～ 1944년. 법호는 만해萬海. 《불교대전》과 《조선불교유신론》을 편찬. 1919년 3.1운동 민족대표 33인으로써 독립운동가로 활동했다. 시집《님의 침묵》을 발표. 건국훈장 대한민국장 추서 되었다.

황순남 : 1964년 강원도 양양 출생. 2003년 〈문학시대〉에 '꽃편지'외 9편을 발표하고 신인상으로 등단하였다. 시집 《나도 저 창 밖에》를 발표하고 문학 나눔 활동과 시낭송 활동을 활발히 하고 있다.

황지우 : 1952년 전남 해남 출생. 1980년 '연혁沿革'이 〈중앙일보〉 신춘문예 입선. 시집《새들도 세상을 뜨는 구나》외 다수를 발표했다. 김수영문학상. 현대문학상. 소월시문학상 등 다수를 수상하고 옥관문화훈장을 받았다.

《사람이 향기로운 것은 사랑 때문이다》

아름다운 나눔 동행자

강정원 명지대학교 Librarian _ 곽일규 강원도청 _ 김규태 화백 _ 김경아 늘푸른초교 학운위원장 _ 김정훈 (주)네오경제사회연구소 연구소장_김대영 S-Oil _ 김동현 _ 김미숙 화미주미용실 해운대 홈플 원장 _ 김보명 상주일로곶감 대표 _ 김사은 전북원음방송 편성제작팀장 _ 김상우 시인 _ 김이구 NGO _ 김은아 (주)미네랄하우스 _ 김영배 횡성군청 _ 김영수 주식회사 建築國 대표이사 회장 _ 김용태 이름나무 출판사 대표 _ 김운묵 건강보험심사평가원 상근객원연구위원 _ 김윤덕 _ 김정훈 동원시스템즈 _ 김진 '밭싸개' 대표 _ 김준완 전산실장 _ 김종철 안산 예그린산악회 _ 김현식 _ 김현수 원탑탑시스템 SCAFFOLD 대표 _ 고석 삼성전자 _ 고옥룡 작가 _ 권영락 창녕돼지국밥&궁전노래방 대표 _ 류제범 현대자동차 _ 류정하 서해농자재백화점 대표 _ 민기운 플러스유통 대표 _ 민용기 _ 민진우 홍익대학교 _ 민정식 문화예술 TV21 _ 류만기 춘천거주 _ 문창수 KBS 촬영감독 _ 문철수 시인 _ 박동균 _ 박두홍 순천시립도서관 팀장 _ 박얼서 시인 _ 박이갑 기아자동차 _ 박정순 하나은행 _ 박지영 푸른창 대표 _ 박태열 박씨네누릉지 대표 _ 서범석 음석투데이 편집국장 _ 서영주 떨기나무어린이합창단 지휘자 _ 설다민 다미연 공방대표 _ 성아리향 _ 성영만 시인 (주)메트로 _ 신용우 작가 _ 심대현 한국산업단지공단 원주지사장 _ 손광락 CISCO _ 손채은 월촌중 _ 송근배 레인보우힐스CC _ 신동진 강원도청 _ 심영의 문학박사 _ 심재우 코코스 비엔에이치 대표이사 _ 심윤석 자영업 _ 아름다운커피 _ 안장미 _ 양세열 GS칼텍스 _ 양우열 _ 양환석 제주행복장터 _ 이경미 노인복지센터장 _ 이기원 (주)노비타 _ 이명희 사회복지사 _ 이동숙 그린천사.kr 대표 _ 이명규 SBS방송 _ 이민수 청풍건설 _ 이민주 천사미소주간보호센타 대표 _ 이두형 감독 _ 이병규 인천시 _ 이성만 _ 이시우 한국공항공사 _ 이수진 일본어 번역가 _ 이승호 CJ그룹 인사서비스센터 (주)휴먼파트너 상무이사 _ 이영희 화백 _ 이연우 레이디경향부 기자 _ 이정우 (주)애플텍 대표 _ 이정용 한겨레 사진부장 _ 이정환 허인회 에코라이프 _ 이현수 주식회사 태광이엔지 대표 _ 임방호 _ 임재석 부천대학교 교수 _ 유성대 일신건영(주) _ 오정아 제주도 _ 유인산 국회근무 _ 윤동훈 경북영천시청 _ 윤상식 경찰공무원 _ 장재근 광수중학교 교장 _ 조광원 중앙대학교 사회계발대학원 _ 조귀영 _ 조한진 불교문화저널 국장 _ 전경우 작가 _ 정규팔 광남일보 _ 정동아트팩토리(주) _ 정수정 센터장 _ 정지만 동기부여 강사 _ 정재학 _ 정철환 대성글로벌통신 _ 차미정 화백 _ 천현진 양천구민체육센터 강사 _ 초록우산 어린이재단 _ 채원래 명심안연구소 _ 최영미 _ 최인식 월드피스코타임즈 편집장 _ 최전승 전북대 명예교수 _ 최정용 경남대학교 _ 최주순 남서울화훼공판장운영 _ 최정희 (주)신세계코리아 이사 _ 카페베네 _ 편듀 _ 하성식 다사랑 문화나눔재단 사무국장 _ 한민제 첨단MRCT 종합검진센타 이사 _ 함미숙 고양시일산종합사회복지관 영양사 _ 황ان자 월드미션 실장 _ 황은영 우후시_ 황의숙 Babies&Kids 편집장 _ Chris Choi _ Crystal Kim 번역가 _ Du Lin Artist _ Julia Lee Media Department Head _ KD 운송그룹 _ Laura Park, Librarian _ Haesook Novacco(이해숙) FL, USA _ Maria Chung(주)스마트인사이트피플 _ 윤지현 · 김경희 하늘을 그리는 바다 미술학원

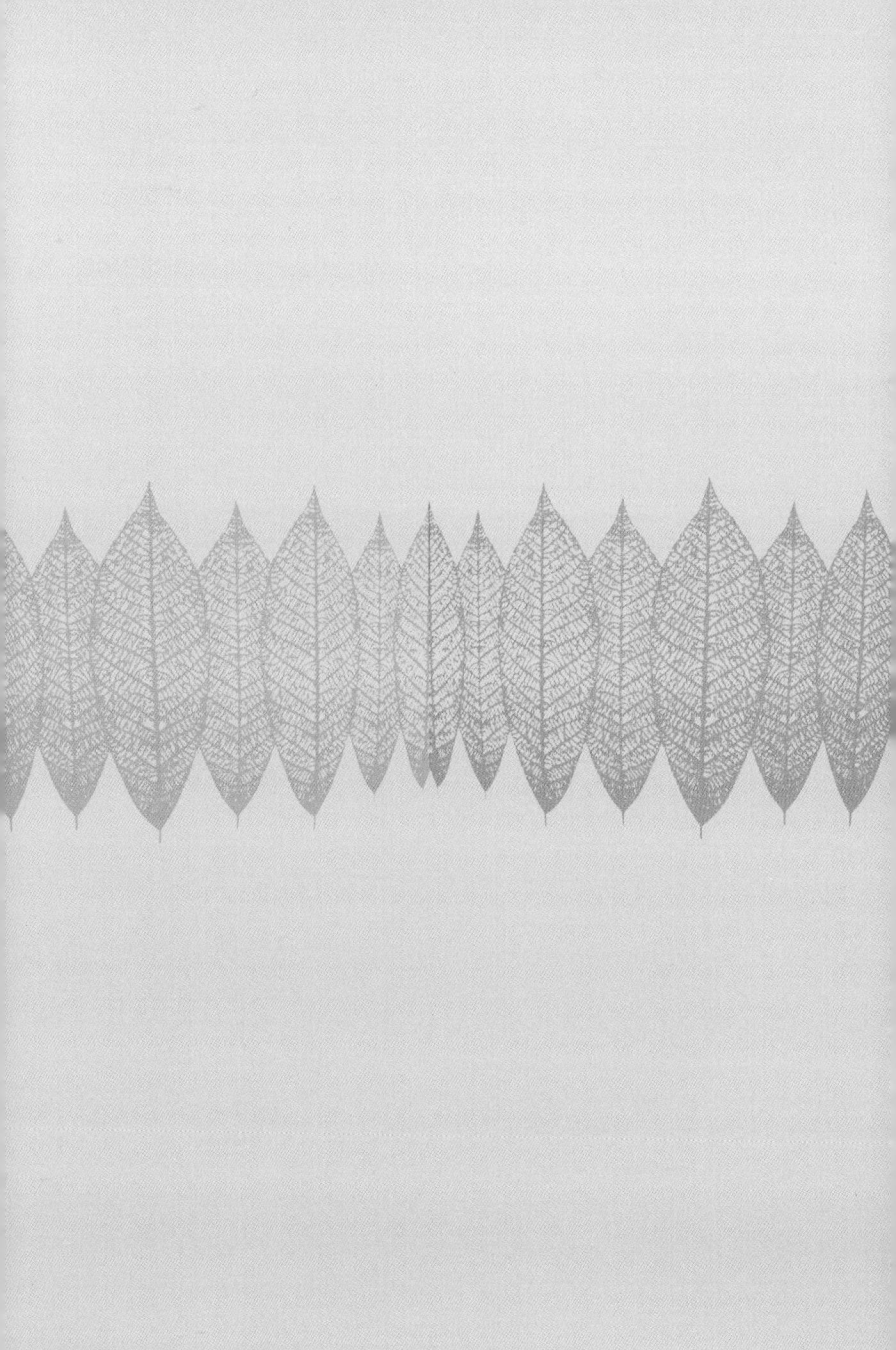